Mach mit!

OPTISCHE ILLUSIONEN

Zeichnen, ausmalen, basteln, rätseln

Bassermann

ISBN: 978-3-8094-4325-4

© 2020 by Bassermann Verlag, einem Unternehmen der Verlagsgruppe Random House GmbH, Neumarkter Straße 28, 81673 München

Copyright der englischen Originalausgabe © Arcturus Holdings Limited
Der Titel erschien unter dem Originaltitel *Optical Illusions Activity Book*.

Texte: Laura Baker
Layout und Illustrationen: Duck Egg Blue
Umschlaggestaltung: Atelier Versen, Bad Aibling
Übersetzung und Projektleitung: Birte Dittmann
Herstellung und Satz: Angelika Tröger
Druck und Bindung: aprinta Druck GmbH, Wemding

Printed in Germany

INHALT

EINLEITUNG

Du glaubst, du kannst deinen Augen immer trauen? Falsch! Deine Sehwerkzeuge tun zwar ihr Bestes, damit du die Welt um dich herum erkennst, aber es kommt vor, dass sie Dinge sehen, die gar nicht da sind.

Optische Illusionen sind dafür gemacht, dich zu täuschen, denn sie spielen mit der Art, wie dein Gehirn ein Bild interpretiert. Manchmal verwirren sie auch deine Augen, während diese sich hin- und herbewegen, um dem Bild einen Sinn abzugewinnen.

In diesem Buch erfährst du alles über die verschiedenen Typen optischer Illusionen. Lass dich hineinziehen in die verrückte Welt der Sinnestäuschung! Greif zu den Stiften und erschaffe nach Anleitung deine eigenen optischen Illusionen, um deine Freunde zu verblüffen.

Unglaubliche Effekte!

Los geht's!

KAPITEL 1
BEWEGTE BILDER

Die optischen Illusionen in diesem Kapitel machen dich schwindelig! Auch wenn du weißt, dass sie sich nicht bewegen können, sehen deine Augen das genaue Gegenteil: Alles gerät in Bewegung! Probiere es aus - sieh hin! Aber mach eine Pause, wenn du anfängst, dich seekrank zu fühlen!

PULSIERENDE MUSTER

Schau direkt in die **Mitte** dieser Bilder.
Siehst du, wie sie **pulsieren** und sich nach **außen bewegen?**

WOW! WAS PASSIERT HIER GERADE?

Deine Augen machen winzige, schnelle, ruckartige Bewegungen, um den Sinn des Bildes zu erfassen. Dein Gehirn muss sehr viele Informationen aufnehmen, während deine Augen hin- und herflitzen. Das verwirrt dein Gehirn so, dass es glaubt, das Bild bewege sich und nicht deine Augen.

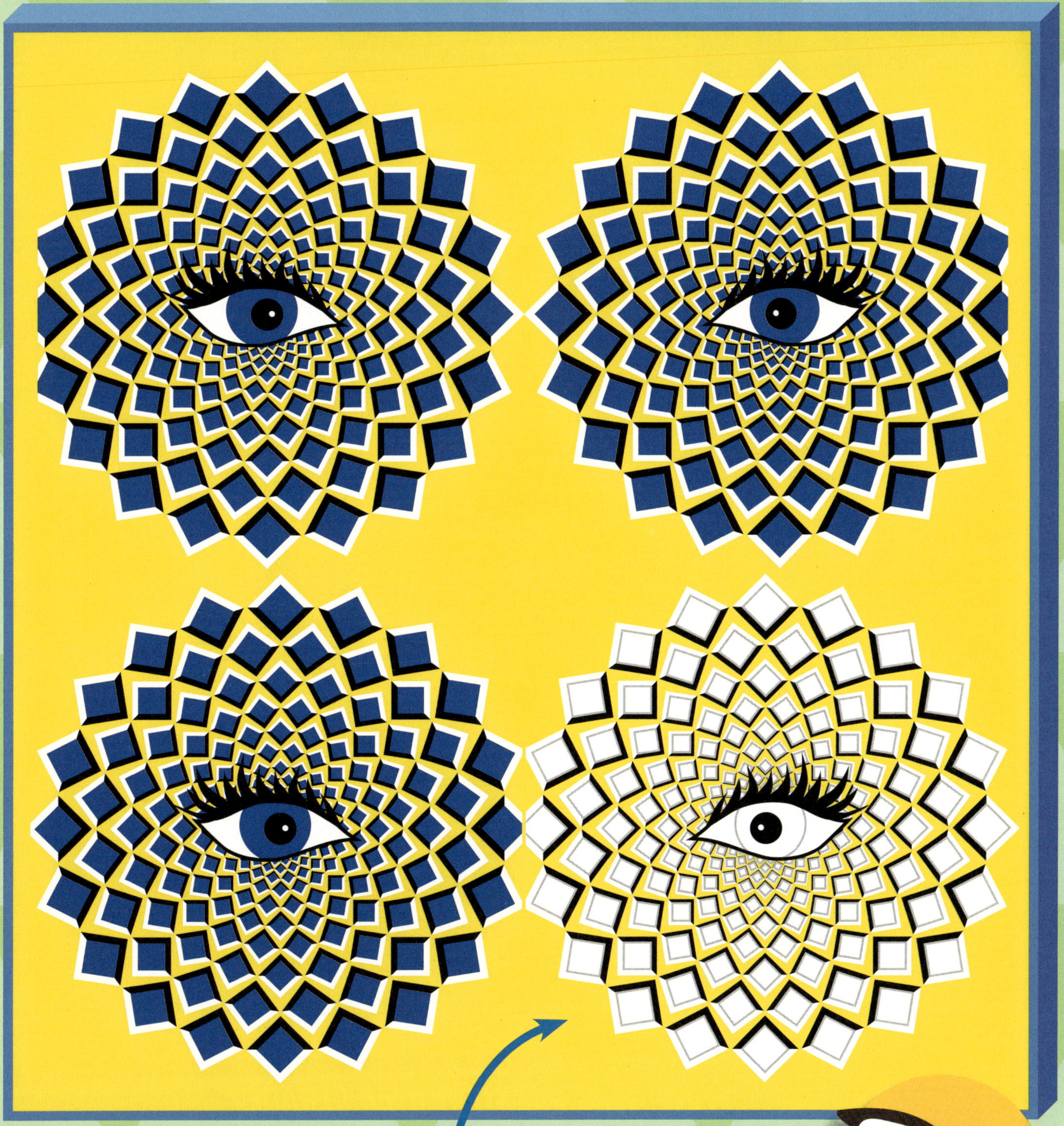

Male die Quadrate in dem weißen Muster sorgfältig aus.
Siehst du, wie es anfängt, sich zu bewegen?

ROTIERENDE RÄDER

Dieses Bild rädert deine Hirnwindungen!
Sieh, wie sich das Riesenrad **dreht**, als wäre es echt. Wie geht das?

Zeichne mit einem Lineal die fehlenden Linien ein.
Siehst du nun, wie sich das ganze Rad dreht?

WOW! WAS PASSIERT HIER GERADE?

Der Farbkontrast gaukelt deinem Gehirn vor, dass sich das Riesen-rad dreht. Die schwarzen Linien an den Gondelrändern lassen es nämlich so aussehen, als bewege sich das Rad im Uhrzeigersinn.

Bringe nun selbst mithilfe von Farben die **Räder** zum **Rotieren!**
Folge beim Ausmalen dem Farbcode unten.

1 = Gelb   2 = Blau   3 = Rosa   4 = Lila   5 = Grün

SCHOCKIERENDE SPIRALEN

Diese Täuschungen können dich wirklich schocken!
Einige sind **echte Spiralen,** andere bloße **Illusion.** Finde heraus,
ob das Bild **Spiralen** zeigt oder nur eine Reihe von **konzentrischen Kreisen.**

Folge der schwarzen Linie
mit dem Finger. Ist das
eine echte Spirale?

Male mit einem schwarzen Filzstift die grau linierten Muster im Kreis aus. Erkennst du, dass die Spirale eine Illusion ist?

Die schwarzen Formen sind in konzentrischen Kreisen angeordnet.

WOW! WAS PASSIERT HIER GERADE?

Im ersten Bild bewirken der Kontrast und die nah beieinander liegenden Kreise, dass es Augen und Gehirn schwerfällt, den Linien zu folgen. Im zweiten Bild lenkt der Winkel jeder Linie zwar deine Blicke nach innen, aber es ist keine Spirale. Die schwarzen Linien sind nur in konzentrischen Kreisen angeordnet.

WOGENDE WELLEN

Dieses Bild könnte dich seekrank machen! Siehst du die **welligen** Linien, die ausschauen wie **wogende** Meereswellen?

WOW! WAS PASSIERT HIER GERADE?

Die Wellen scheinen zu wogen, während du sie betrachtest. Die winzigen Bewegungen, die deine Augen machen, während sie den Kontrast zwischen schwarzen und weißen Streifen verarbeiten, gaukeln dir die Wellenbewegung vor.

Mit einer selbst gebastelten Schablone kannst du Varianten dieser Illusion zeichnen. Du brauchst ein Stück Tonkarton, ein Blatt Papier, einen Bleistift und einen schwarzen Filzstift.

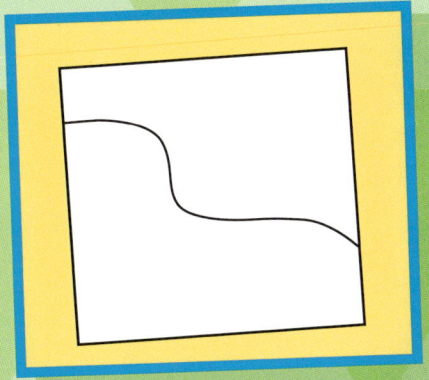

❶ Zeichne eine lange, wellige Linie auf den Tonkarton.

❷ Bitte einen Erwachsenen, dir dabei zu helfen, sorgfältig entlang dieser Linie auszuschneiden. Fertig ist die Schablone.

❸ Lege die Schablone dicht an den unteren Rand des Papiers. Zeichne mit dem Bleistift entlang der Wellenlinie aufs Papier.

❹ Rücke die Schablone ein Stück nach oben, ungefähr im Abstand von 4 mm. Zeichne erneut entlang der Wellenlinie. Wiederhole das Ganze, bis das Blatt mit Wellen bedeckt ist.

❺ Male im Wechsel eine Welle schwarz oder in einer dunklen Farbe aus, die daneben liegende bleibt weiß. Radiere die Bleistiftstriche aus. Bewegen sich deine Wellen jetzt?

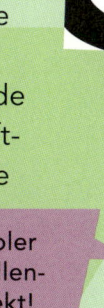

Cooler Welleneffekt!

Schieb die Schablone schräg ein Stück nach oben, sodass die Streifen auf einer Seite breiter werden. Das verleiht der Illusion eine größere Tiefe.

UNHEIMLICHE AUGEN

Augenblick! Was ist das?

Hast du dich schon mal beobachtet gefühlt? Mit diesen unheimlichen Augen wird es dir so ergehen. Wenn du sie anschaust, wirst du glauben, **sie bewegten sich hin und her.**

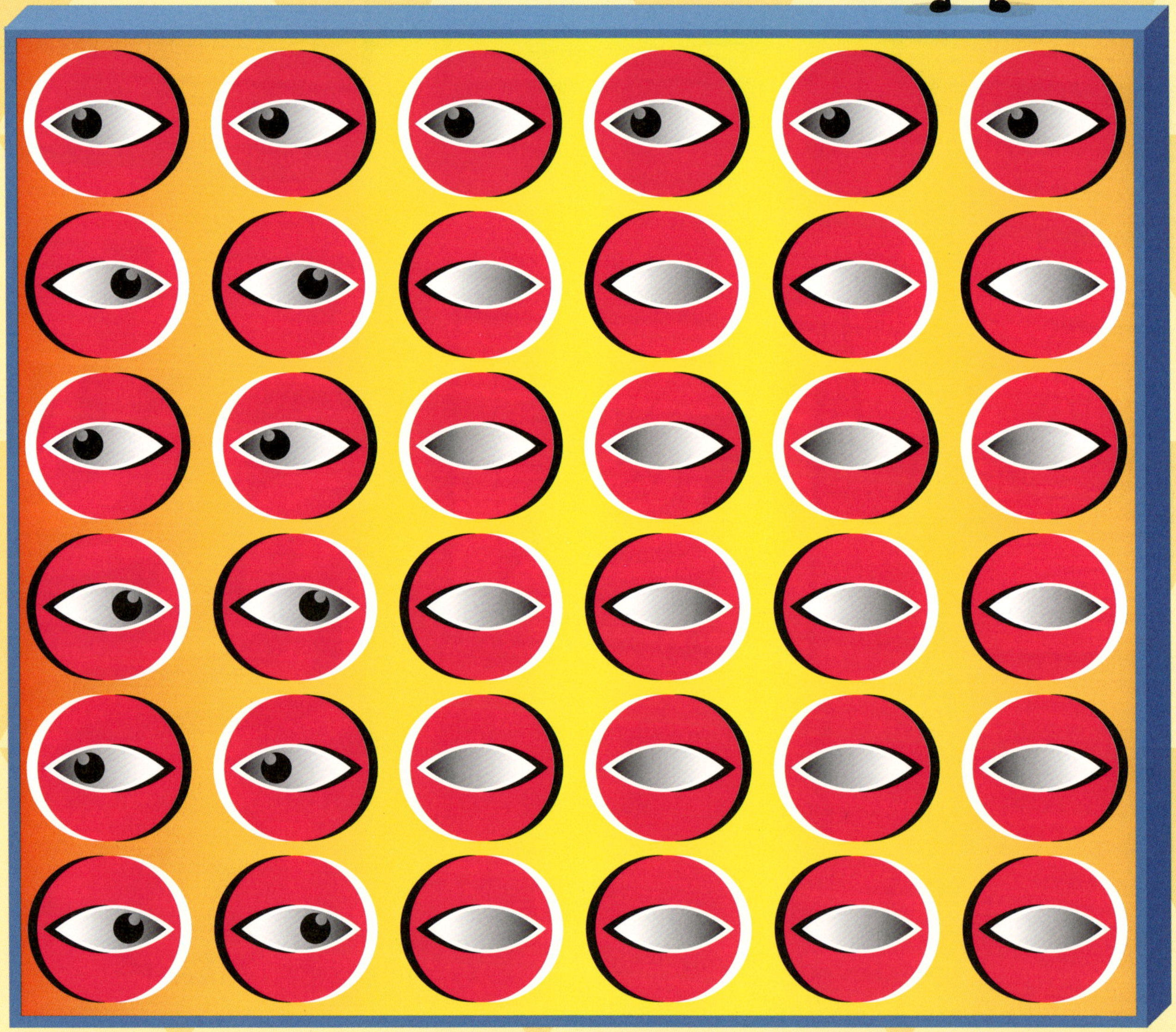

Zeichne die fehlenden Pupillen ein. Orientiere dich am Muster. Spürst du nun, wie die Augen dich beobachten?

Male für den hypnotischen Effekt das Muster ganz aus. Betrachte es. Du wirst erst förmlich ins Auge hineingezogen, dann zurück aufs Muster gelenkt, dann wieder vom Auge angezogen und so weiter.

WOW! WAS PASSIERT HIER GERADE?

Die sich wiederholenden und farblich kontrastierenden Muster spielen deinem Gehirn vor, dass sich etwas bewegt, wenn du sie betrachtest. Menschen werden außerdem von Augen angezogen, weshalb diese Illusion uns geradezu ins Bild hineinzieht.

SCHWEBENDER SPASS

Dieses Buch besteht aus einzelnen Papierseiten, jede bildet eine flache Schicht. Wie kann es dann sein, dass über dem Bild ein Ball zu schweben scheint?

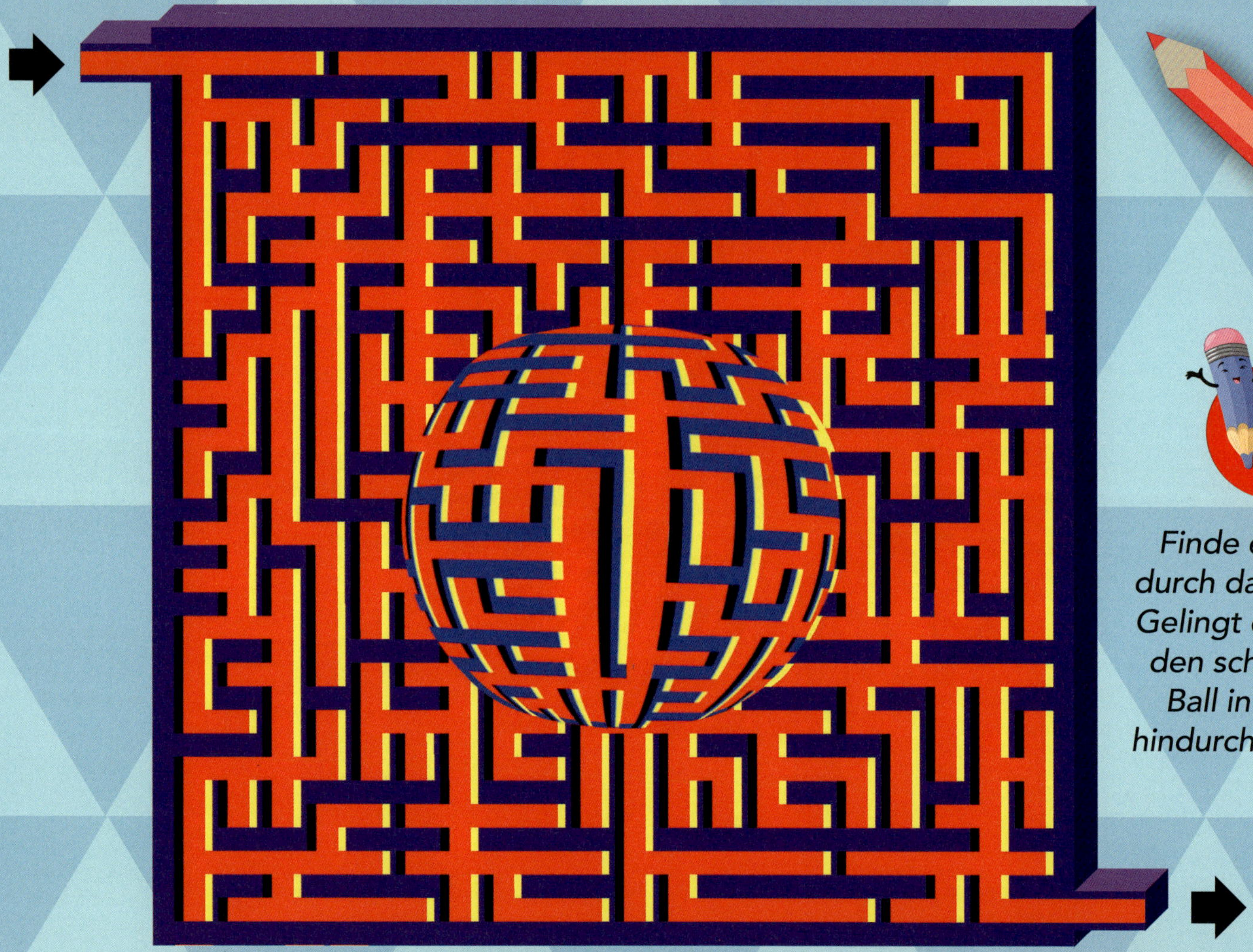

Finde einen Weg durch das Labyrinth. Gelingt es dir, durch den schwebenden Ball in der Mitte hindurchzukommen?

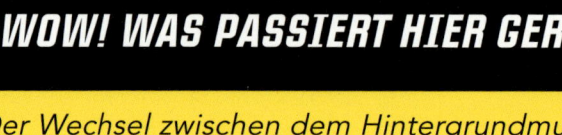

WOW! WAS PASSIERT HIER GERADE?

Der Wechsel zwischen dem Hintergrundmuster und dem des Balls bewirkt, dass der Ball sich auf einer anderen Ebene zu befinden scheint als das Labyrinth dahinter. Beobachte den Ball, während du deinen Kopf hin- und herbewegst. Siehst du den Ball nun sogar noch weiter über den Hintergrund schweben?

DER SCHWEBENDE FINGER

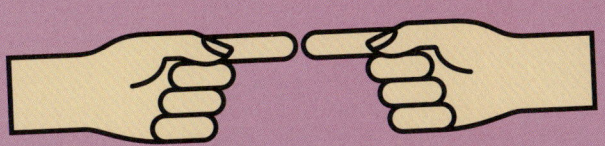

❶ Führe deine Zeigefingerspitzen auf waagerechter Ebene zusammen. Halte sie auf Augenhöhe im Abstand von ca. 15 cm vor dein Gesicht.

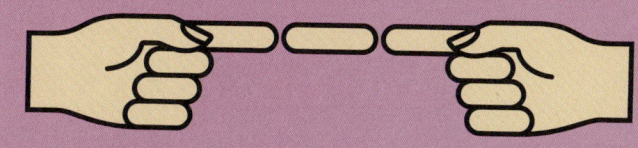

❷ Fokussiere deine Finger. Dann sieh auf etwas, das sich im Hintergrund deiner Finger befindet, ein oder zwei Meter entfernt. Ein schwebender Finger sollte erscheinen!

❸ Du veränderst die Größe des schwebenden Fingers, wenn du den Abstand zwischen deinen Fingern mal größer und mal kleiner werden lässt.

WOW! WAS PASSIERT HIER GERADE?

Fokussiere einen Gegenstand. Dann bedeckst du nacheinander je ein Auge. Siehst du, wie sich das Objekt vor dir hin- und herbewegt? Jedes Auge sieht ein bisschen anders. Wenn du etwas in der Entfernung fokussierst, lässt dein Gehirn die beiden Bilder deiner Augen im Vordergrund überlappen. So entsteht der »schwebende Finger«.

ES WÄCHST!

Wie kann ein Bild auf einer Seite so aussehen, als ob es **unaufhaltsam wächst?**
Wirf einen Blick drauf und finde es heraus!

WOW! WAS PASSIERT HIER GERADE?

*Dieses Muster treibt dich in den Wahnsinn! Zuerst bringen die Farb-
kontraste dein Gehirn durcheinander. Dann lenken die gezackten
Linien und Schattierungen in der Mitte des Bildes deine Blicke nach
außen. Dein Gehirn ist inzwischen so verwirrt, dass es glaubt, das
ganze Bild bewege sich.*

Male das Herz inmitten dieser schwarzen Linien möglichst dunkel aus. Scheint es nun zu wachsen, wenn du es anstarrst?

WOW! WAS PASSIERT HIER GERADE?

Siehst du, dass die schwarzen Linien nah am Herz breiter sind als die am Bildrand? Sie schaffen enge weiße Lücken, die dein Gehirn füllen möchte, indem es das Schwarz der Form in der Mitte nutzt. Die Wirkung: Das Herz scheint sich auszudehnen.

ES SCHRUMPFT!

Je länger du sie anstarrst, desto mehr scheint die schrumpfende Illusion **vor dir zurückzuweichen.** Bringst du auch Leute zum Zurückweichen?

Finde einen Weg durch dieses Schrumpfmuster. Gehe von außen nach innen.

WOW! WAS PASSIERT HIER GERADE?

Wie bei der wachsenden Illusion verwirren die Farbkontraste und die Zacken des Musters dein Gehirn und lenken deine Blicke. Hier sind es die schwarzen Umrisse entlang der blauen Streifen, die den Schrumpfeffekt hervorrufen.

Bastel dir nach Anleitung eine Schrumpfmaschine! Der Kreisel erzeugt die Illusion, dass deine Freunde vor dir zurückweichen. Du brauchst ein Stück Tonkarton, einen schwarzen Filzstift und einen spitzen Bleistift.

❶ Zeichne einen großen Kreis auf den Tonkarton und schneide ihn sorgfältig aus.

❷ Zeichne auf den Kreis ein Spiralmuster. Male die Spiralen mit dem Filzstift aus. Bitte einen Erwachsenen, den Bleistift durch die Mitte des Kreises zu stechen, sodass du ihn drehen kannst.

❸ Drehe deinen Kreisel im Uhrzeigersinn. Starre in die Mitte der Spirale und zähl bis 30.

❹ Blick rasch zu deinem Freund oder deiner Freundin. Es sollte so aussehen, als ob er oder sie vor dir zurückweicht.

Drehe den Kreisel gegen den Uhrzeigersinn und wiederhole Schritt 4. Scheint dein Freund oder deine Freundin nun zu wachsen?

ZUM DAVONROLLEN

Pass auf oder der Ball **rollt davon!** Oder doch nicht? Vielleicht ist es nur eine schwebende Bewegungsillusion …

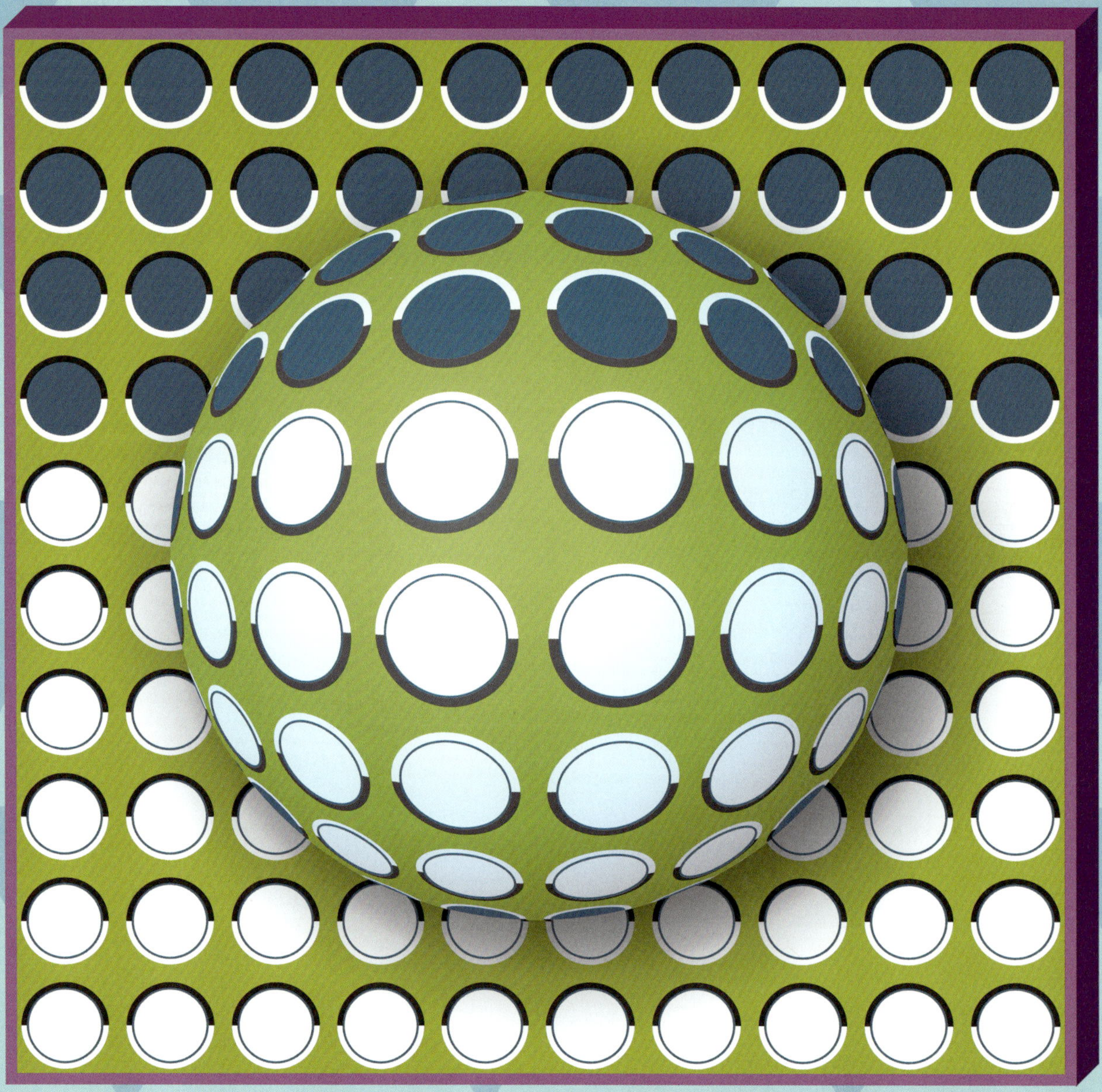

Male die weißen Punkte aus und vollende das Bild. Siehst du, wie der Ball die Seite hinaufrollt, während der Hintergrund nach unten gleitet?

KAPITEL 2
AUSGETRICKST!

Alle optischen Illusionen sind so gemacht, dass sie deine Augen und dein Gehirn austricksen. Die Täuschungen in diesem Kapitel gehen noch einen Schritt weiter. Sie bieten mehr, als das bloße Auge wahrnimmt. Kommst du dahinter? Dann probiere sie an deinen Freunden aus.

RAFFINIERTE FORMEN

Was erkennst du in diesem Bild? Ist es ein Muster aus **Kreisen, Dreiecken oder kurvigen, sechszackigen Sternen?** Sieh genau hin und du wirst deine Meinung vermutlich ändern.

Sieh noch einmal genau auf das Bild. Findest du den verborgenen Weg vom oberen Eingang bis zum unteren Ausgang? Es ist knifflig, aber den Weg gibt es!

Was siehst du in diesem Bild? Einen Haufen **Würfel** oder **sechszackige Sterne?**

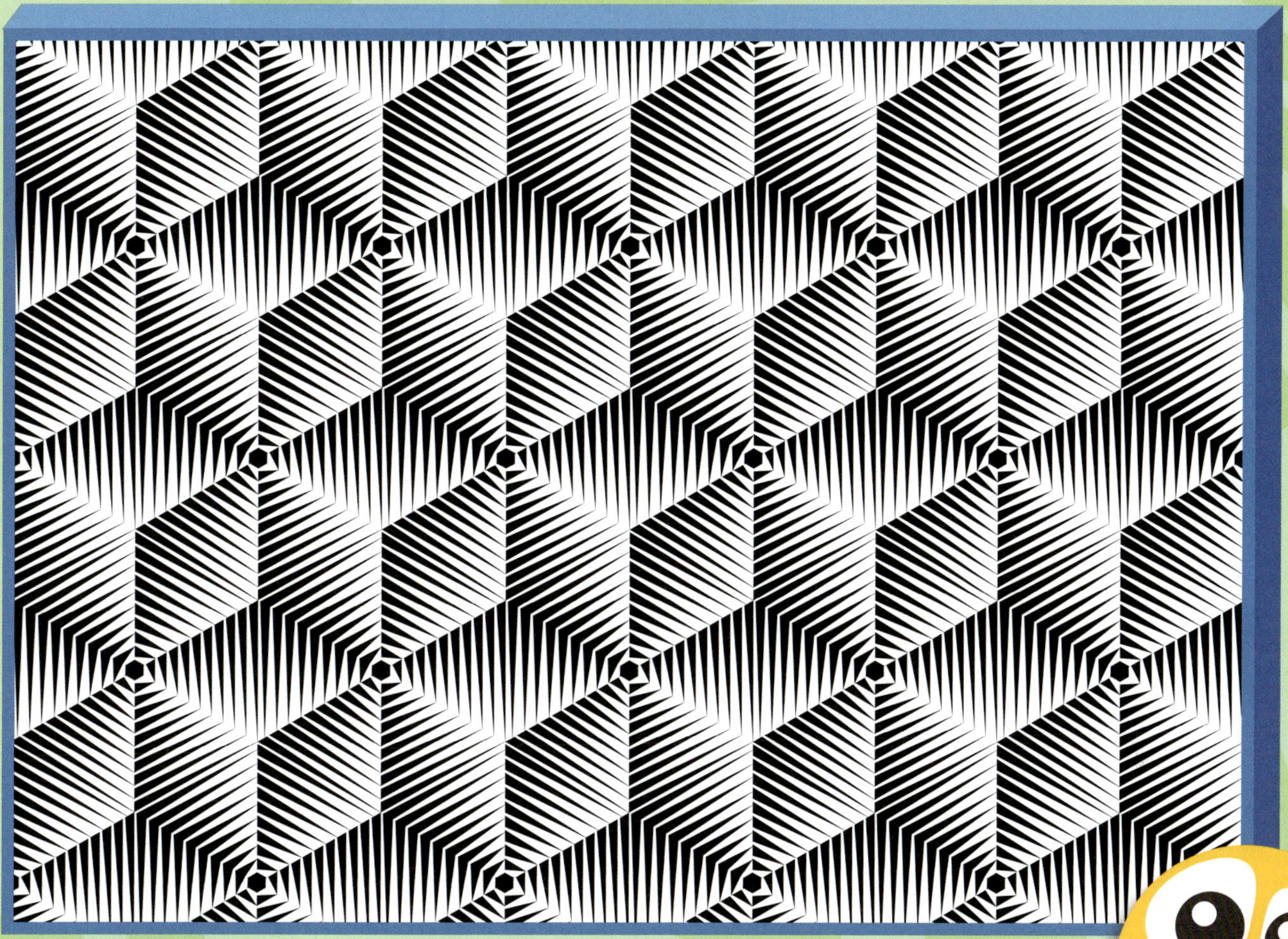

Male mit deinen Stiften jeden Würfel in einer anderen Farbe aus. Siehst du immer noch Sterne?

WOW! WAS PASSIERT HIER GERADE?

Diese Illusion zeigt, wie anpassungsfähig unser Gehirn ist. Wir können das Bild auf verschiedene Weise betrachten. Deshalb springt unser Gehirn zwischen den Motiven hin und her, um genau zu verstehen, was wir sehen. Malst du das Bild aus, hilft das dem Gehirn, die Würfel deutlicher zu sehen als die Sterne. Tatsächlich ist es jetzt nur noch sehr schwer, die Sterne zu erkennen.

KREISVERWIRRUNG

Du weißt, wie ein perfekter Kreis aussieht, richtig? Aber kannst du dir noch sicher sein, wenn dieses **verblüffende Muster** dir in die Quere kommt?

WOW! WAS PASSIERT HIER GERADE?

Das scheinen keine Kreise zu sein, aber tatsächlich sind sie perfekt gerundet. Die Muster im Hintergrund und in den Kreisen selbst verwirren dein Gehirn. Es glaubt, eiernde Ringe zu erkennen.

Verwende für deine eigenen verwirrenden Kurven Zirkel, Winkelmesser, Lineal und einen Stift, um aus geraden Linien einen Kreis zu zeichnen.

❶ Zeichne mit dem Zirkel einen Kreis auf ein Stück Papier. Wenn du keinen Zirkel hast, nimm ein Glas oder einen Becher zu Hilfe.

❷ Markiere mithilfe des Winkelmessers jeweils in 10°-Abständen den Kreisumfang, so wie gezeigt. Falls du kein Winkelmesser hast, miss gleichmäßige Abstände mit dem Lineal aus.

❸ Starte mit dem Punkt unten in der Mitte des Kreisumfangs. Zähle nach rechts neun Punkte weiter. Verbinde diesen Punkt mit dem ersten.

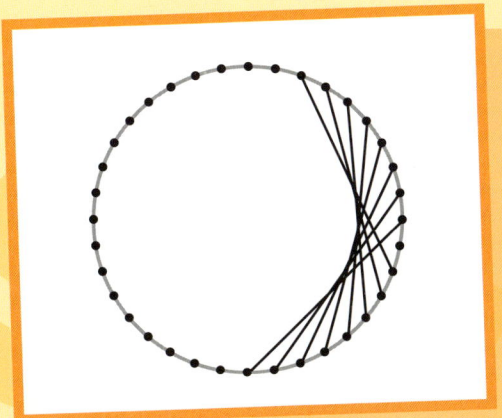

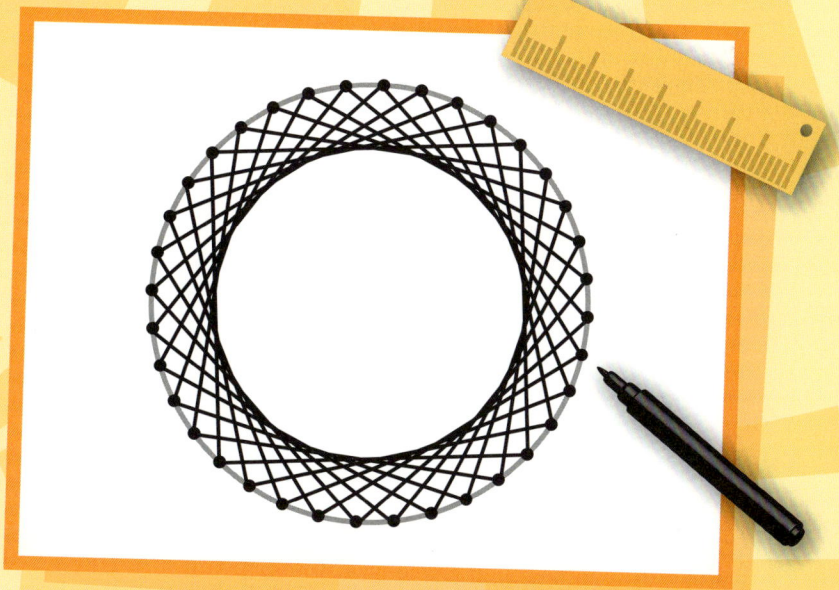

❹ Gehe vom Startpunkt aus einen Punkt nach rechts weiter. Verbinde ihn mit dem Punkt, der dem zweiten Punkt aus Schritt 3 folgt. Verfahre so mit allen Punkten, bis du einmal um den Kreis herum bist.

Deine Linien sind nun Teil eines größeren Kreises. Wirken sie immer noch gerade? Siehst du, dass du einen perfekten zweiten Kreis innerhalb des ersten geschaffen hast?

TRÜGERISCHE PUNKTE

Diese Illusionen sind **Meister der Täuschung!** Du wirst Punkte sehen, die gar nicht da und Farben, die nicht echt sind. Na, macht dich das verrückt?

Lasse deine Blicke um das Bild kreisen. Wie viele Punkte kannst du zählen?

WOW! WAS PASSIERT HIER GERADE?

Tatsächlich sind im Gitter keine Punkte. Doch lässt du deine Blicke um das Bild kreisen, erscheinen und verschwinden Punkte an den Ecken zwischen den Quadraten. Deine Augen werden vom Kontrast zwischen den roten Quadraten und den weißen Linien getäuscht. Du siehst Punkte, wo keine sind.

WOW! WAS PASSIERT HIER GERADE?

Glaubst du, dass die Punkte im Gitter grau sind? Je länger du hinsiehst, desto grüner erscheinen sie. Das Lila und das Rot des Musters verleihen den Punkten einen roten Schimmer. In dem Rotstich sieht dein Gehirn ein Grün.

GETARNTE GRÖSSEN

Versuche dich an diesen Größenillusionen! Der **Zusammenhang,** in dem diese Objekte stehen, gaukelt deinem Gehirn etwas vor. Sieh selbst und miss nach!

❶ Blauer Punkt

A ☐

B ☐

Was in den jeweiligen Bildern ist größer: A oder B?

❷ Blauer Kreis

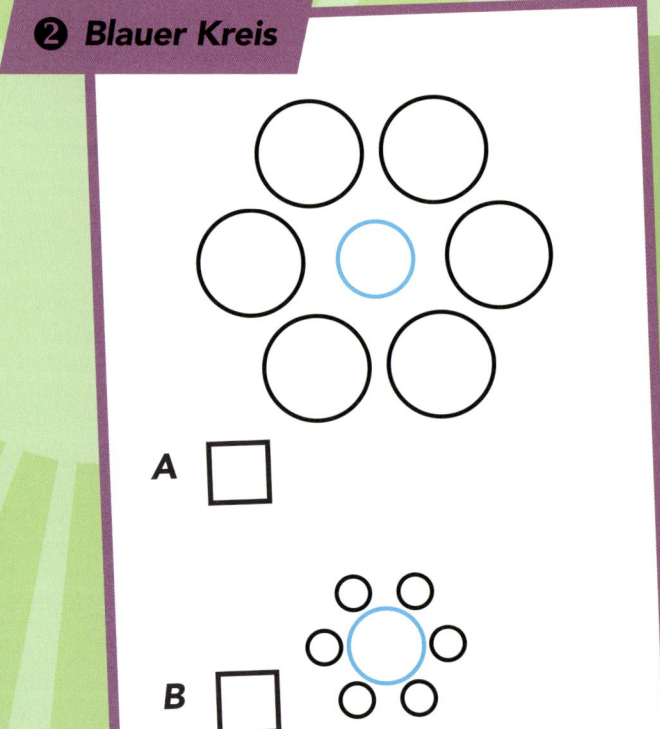

A ☐

B ☐

❸ Blaue Linien

A ☐

B ☐

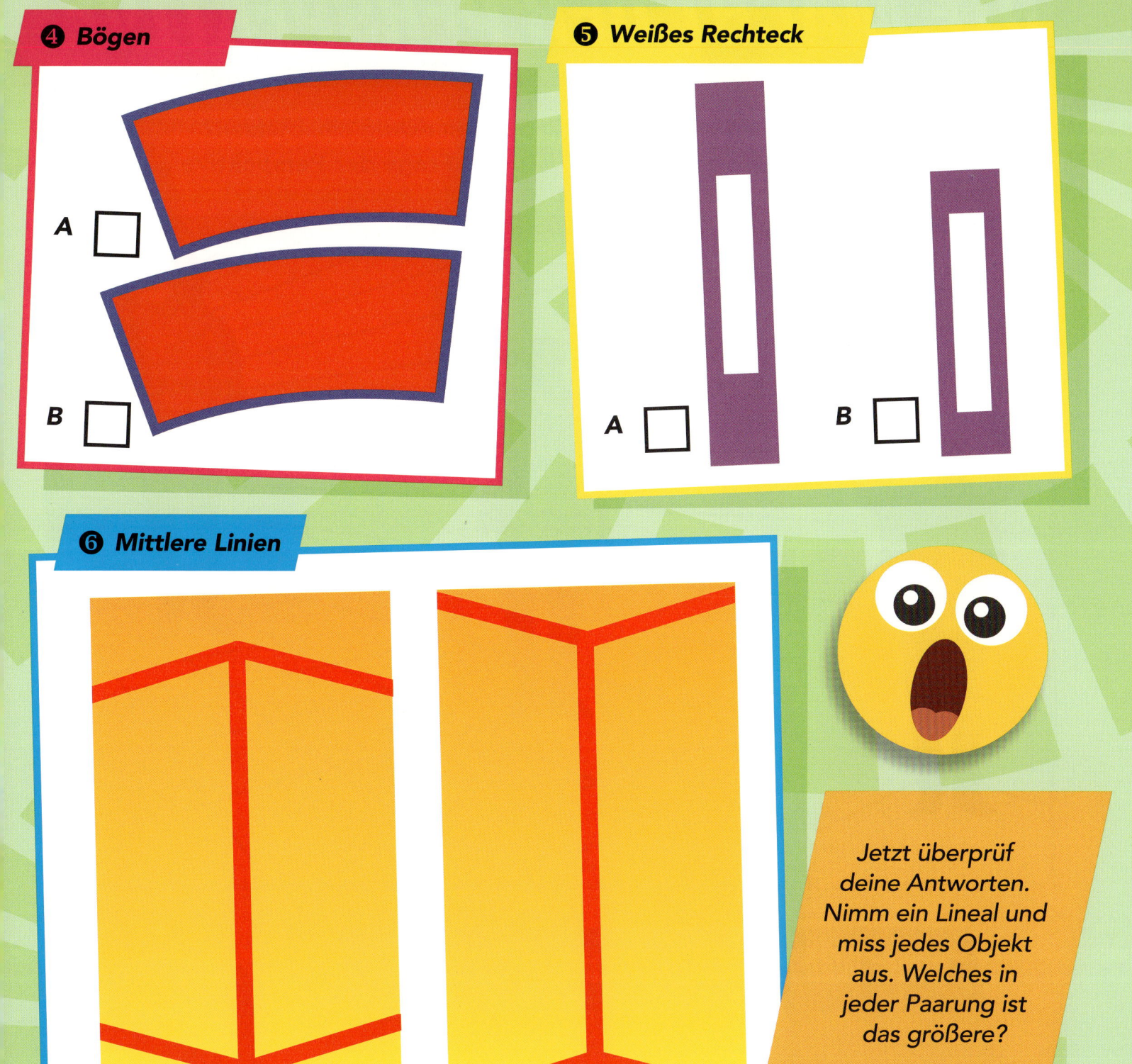

❹ Bögen

A ☐

B ☐

❺ Weißes Rechteck

A ☐   B ☐

❻ Mittlere Linien

A ☐   B ☐

Jetzt überprüf deine Antworten. Nimm ein Lineal und miss jedes Objekt aus. Welches in jeder Paarung ist das größere?

DIE MACHT DER PERSPEKTIVE

Kannst du die Größe dieser Silhouetten richtig einschätzen?
Sind die Fotos für dich stimmig? Alles eine **Frage der Perspektive ...**

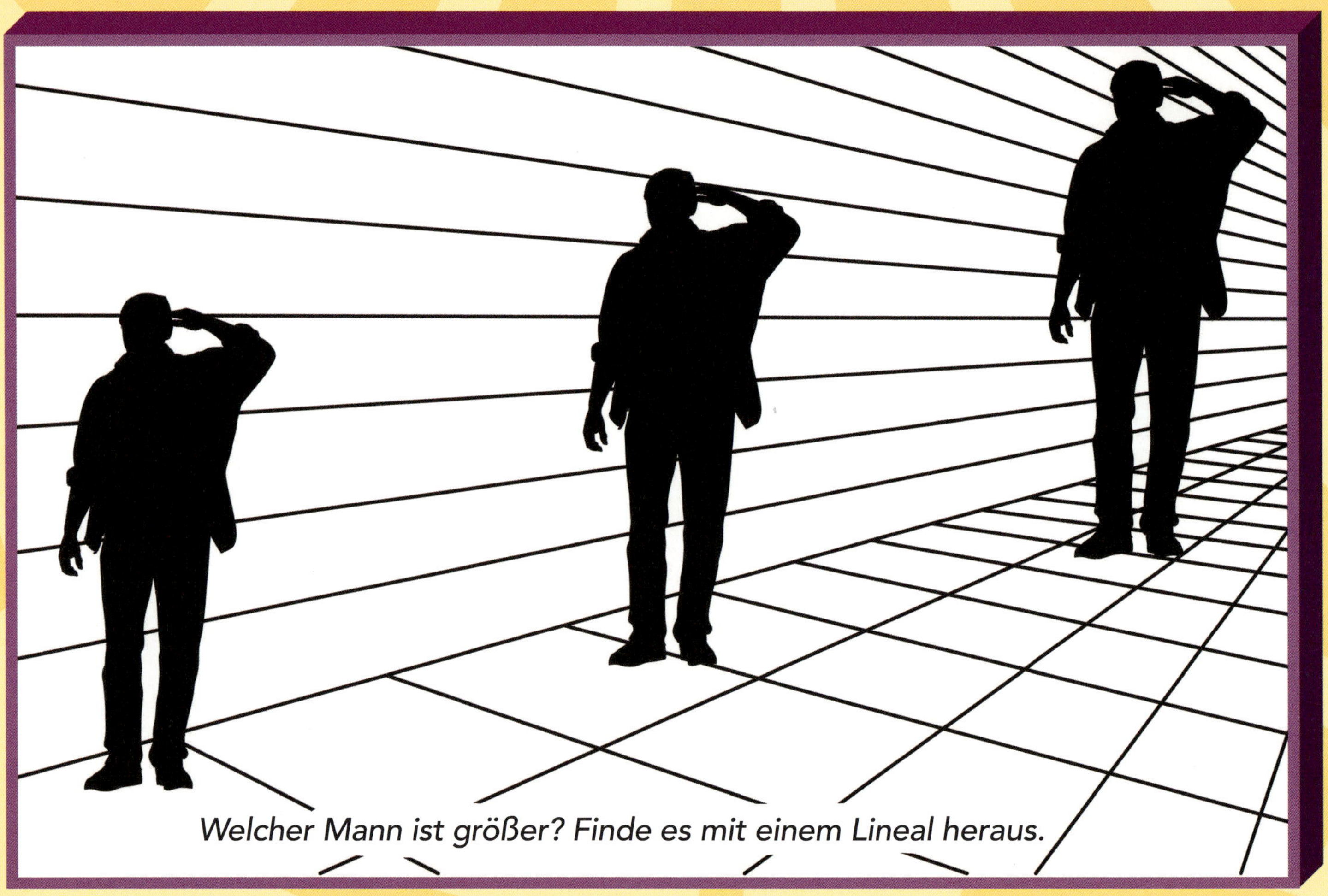

Welcher Mann ist größer? Finde es mit einem Lineal heraus.

WOW! WAS PASSIERT HIER GERADE?

Hast du herausgefunden, dass alle drei Männer genau gleich groß sind? Die perspektivischen Linien im Hintergrund vermitteln den Eindruck von Entfernung. Deshalb nimmt dein Gehirn an, dass der Mann ganz rechts weiter entfernt und im Verhältnis zum linken Mann größer ist.

Spiel mit Perspektiven und mach ein Trickfoto!

Unten in den Fotos sind die Menschen so positioniert, dass die Blume riesig erscheint und es so aussieht, als ob die Frau den Schiefen Turm von Pisa stützt.

WOW! WAS PASSIERT HIER GERADE?

Dank Perspektive lassen sich 3-D-Objekte auf einer flachen Oberfläche darstellen. Oft werden Linien und Tiefe genutzt, um die relative Größe zu vermitteln. Spielen wir damit, verwirrt das unser Gehirn sehr.

Schritt für Schritt zum eigenen Trickfoto:

❶ Beginne mit einer Person oder einem Gegenstand nah vor der Kamera.

❷ Nun positionierst du eine andere Person oder einen Gegenstand entfernt im Hintergrund. Bewege die Kamera so, dass sich beide Motive exakt berühren.

❸ Jetzt drückst du für das perfekte Foto auf den Auslöser. Klick!

FARBEN-SPIEL

Wie clever bist du? Kannst die Farben unten schneller benennen als deine Freunde? Lass dich nicht davon beirren, dass die Wörter nicht zu den Farbfeldern passen.

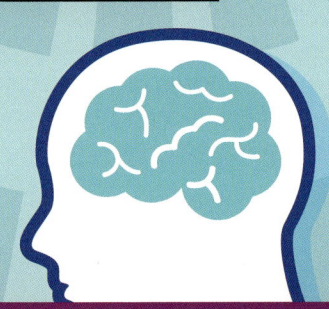

ROT	GRÜN	ORANGE	SCHWARZ	ROSA	BLAU	GRÜN
BLAU	GELB	GRÜN	GELB	WEISS	LILA	SCHWA
WEISS	GRÜN	ROSA	BLAU	ORANGE	BLAU	ROSA
ROT	GELB	ORANGE	SCHWARZ	WEISS	ORANGE	LILA
ROSA	GRÜN	BLAU	LILA	ROSA	GELB	BLAU

Miss die Zeit, wie lange du brauchst, alle Farbquadrate richtig zu benennen –
aber NICHT die darin enthaltenen Wörter.

WOW! WAS PASSIERT HIER GERADE?

Dein Gehirn kann nicht anders, es muss die Wörter lesen. Dabei verarbeitet es zwei Dinge zugleich: die Farbe, die es sieht, und das Wort, das es liest. Zu viele Informationen! Dein Gehirn gerät durcheinander und braucht Extrazeit, um zu erkennen, wie es sich wirklich verhält.

GELB	ROSA	ORANGE	LILA	SCHWARZ	GRÜN	ROSA
ROT	GRÜN	GELB	SCHWARZ	ORANGE	BLAU	ROT
HWARZ	BLAU	WEISS	GRÜN	SCHWARZ	GELB	BLAU
GELB	ROSA	ORANGE	LILA	WEISS	ROT	ROSA
GRÜN	ORANGE	BLAU	ROT	SCHWARZ	BLAU	GELB

Nun miss die Zeit bei deinem Freund oder deiner Freundin. Wer kann schneller alle Farben richtig benennen?

UNSICHTBARE FORMEN

Diese Täuschungen sind so clever gemacht, dass du glaubst, Dinge zu sehen, die gar nicht da sind. **Unsichtbares** verwandelt sich in Sichtbares.

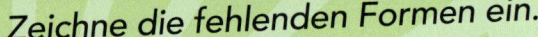

Zeichne die fehlenden Formen ein.

WOW! WAS PASSIERT HIER GERADE?

Dein Gehirn füllt die fehlenden Formen ganz leicht auf. Es entdeckt Anhaltspunkte in den Bildern, die es sieht, und ergänzt diese durch vorhandenes Wissen über Formen. Im Bild oben links verbindet es die Punkte der ausgeschnittenen Ecken zu einem Dreieck.

Zeichne deine eigenen unsichtbaren Formen!

❶ Zeichne mit dem Bleistift ein zartes Quadrat. Vermeide es ab jetzt, irgendetwas in die Form zu zeichnen.

❷ Zeichne mit Filzstift ein zweites Quadrat, zum ersten im Winkel von 45°. Meide dabei das Bleistift-Quadrat.

❸ Um die Ecken des ersten Quadrats zeichnest du mit dem Filzstift Kreise oder andere Formen und malst sie aus.

❹ Radiere die Bleistiftlinien des ersten Quadrats aus. Frag deine Freunde, ob sie die unsichtbare Form erkennen.

AUF DEN KOPF GESTELLT

Diese Gesichter sind nur verkehrt herum ... oder nicht? Schau sie dir genauer an. Hat sich dein Verstand vom »Kopfstand« täuschen lassen?

Dreh diese Seite nun um.
Was fällt dir auf?

WOW! WAS PASSIERT HIER GERADE?

Dein Gehirn erfasst ein Gesicht im Ganzen. Steht das Gesicht auf dem Kopf, betrachtet es jeden Teil einzeln. Sehen Augen, Mund und Nase richtig aus, fügt dein Gehirn sie zu einem normalen Gesicht zusammen. Sobald du die Seite umdrehst, stellst du jedoch fest, dass es überhaupt nicht normal aussieht. Tatsächlich wurden einige Merkmale verdreht, was zu dieser verrückten Illusion führt.

Finde fünf Unterschiede zwischen diesen vertrackten »Kopfstand-Bildern«.

IST DAS WIRKLICH 3-D?

Auf einer flachen Seite kannst du ein Motiv nicht in 3-D sehen, es sei denn, es handelt sich um Pop-up oder virtuelle Realität. Trotzdem lassen dich diese Illusionen glauben, etwas trete aus der Seite heraus. Kann das sein?

WOW! WAS PASSIERT HIER GERADE?

Dieses Bild wirkt, als ob der Elefant aus dem Rahmen heraustritt. Der geschickte Einsatz von Perspektive und die naturgetreue Darstellung des Elefanten gaukeln deinem Gehirn den 3-D-Effekt vor. Elefant und Rahmen wirken aufeinander – seine Hinterfüße befinden sich hinter dem Rahmen, seine Vorderfüße treten aus ihm heraus.

Kannst du den Rahmen einzeichnen, den der Mann festhält, während er aus dem Bild tritt? Wovor flieht er wohl? Zeichne die Szene, vor der er flieht, innerhalb des Rahmens.

DIE SINNE AUSTRICKSEN

Nicht nur dein Sehsinn lässt sich täuschen. Probiere mit einem Freund oder einer Freundin anhand eines einfachen Tests aus, ob du deinen Tastsinn austricksen kannst.

❶ Sieh den Freund oder die Freundin an. Legt eure Handflächen aneinander, wie hier gezeigt.

❷ Mit der anderen Hand streichelst du gleichzeitig eure beiden Zeigefinger. Wie fühlt sich das an? Dein Zeigefinger sollte sich taub anfühlen. Lass es deinen Freund oder deine Freundin auch mal ausprobieren.

WOW! WAS PASSIERT HIER GERADE?

Da du das Streichelgefühl auf dem Zeigefinger deines Freundes nicht empfinden kannst, erwartet dein Gehirn auch nicht, dass du es auf deinem Zeigefinger in Verbindung mit dem des Freundes spürst. Dafür bekommst du ein seltsames Taubheitsgefühl, auch wenn du weißt, dass du Berührungen gut spüren kannst.

KAPITEL 3
NICHT MÖGLICH!

Die Illusionen bis hierhin sind zwar knifflig, aber bei näherer Betrachtung kannst du immer noch einen Sinn in ihnen erkennen. Das wird sich in diesem Kapitel ändern! Je länger du die Täuschungen betrachtest, desto überzeugter bist du, dass sie überhaupt nicht existieren. Bereite deinen Verstand also auf eine Achterbahnfahrt vor!

VERFLIXTES DREIECK

Eine der bekanntesten unmöglichen Formen ist das **Penrose-Dreieck.** Es wird dich in den Wahnsinn treiben, wenn du es zu verstehen versuchst. Erschaffe dein eigenes und verwirre damit deine Freunde!

Fahre mit dem Finger diese Dreiecke entlang. Klappt das? Bau eines aus Klötzen oder Würfeln. Gelingt dir das?

WOW! WAS PASSIERT HIER GERADE?

Diese Form sieht aus wie ein 3-D-Dreieck. Fährst du sie mit dem Finger nach, merkst du, dass an jeder Ecke eine Seite hinter der nächsten verschwindet. Die Winkel funktionieren nicht! Als 3-D-Objekt kann das Dreieck nicht bestehen.

Zeichne ein verflixtes Dreieck mithilfe von Linien, Kreisen und Schattierungen, um deine Freunde zu verblüffen.

❶ Zeichne mit dem Bleistift als Orientierung ein zartes Dreieck mit drei gleich langen Seiten. Stell es wie hier auf die Spitze.

❷ Zeichne in jede Ecke einen Kreis. Das werden die Kugeln. Radiere dein Dreieck aus.

❸ Zeichne vom oberen linken Kreis zum rechten eine Röhre. Die Röhre muss von der Mitte des linken Kreises ausgehen und am Rand des rechten Kreises enden, wie abgebildet. Für den 3-D-Effekt runde das linke Ende der Röhre ab.

❹ Wiederhole Schritt 3, indem du eine Röhre vom oberen rechten Kreis zum unteren Kreis zeichnest. Verbinde auf diese Weise auch den unteren Kreis mit dem oberen linken.

❺ Male mit einem Filzstift die Röhren in einer Farbe aus, auch jeweils den Teil, der mit den Kreisen überlappt.

❻ Jetzt schattierst du die Kugeln und Röhren, und zwar jeweils auf derselben Seite, um den 3D-Effekt zu vollenden.

UNMÖGLICHE FORMEN

Du kannst noch viele andere unmögliche Formen erschaffen.
Sie funktionieren wie das verflixte Dreieck. **Die Unmöglichkeiten sind endlos!**

Wie das Penrose-Dreieck existieren diese Formen nicht als 3-D. Sie sehen zwar aus, als müssten sie funktionieren – die Formen selbst sind normal genug –, aber die Ecken und Linien sind falsch angeordnet.

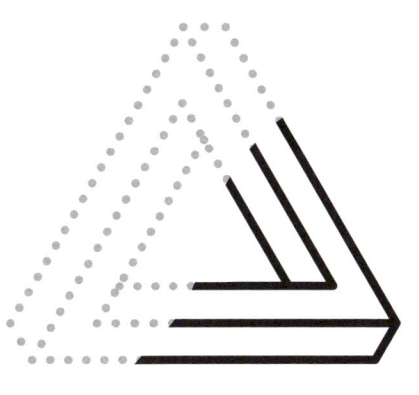
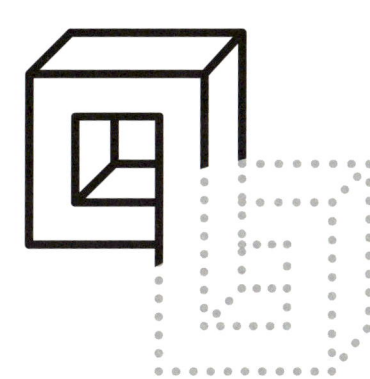
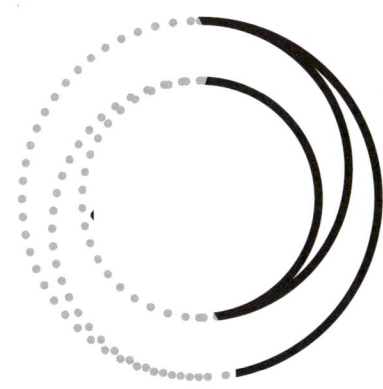

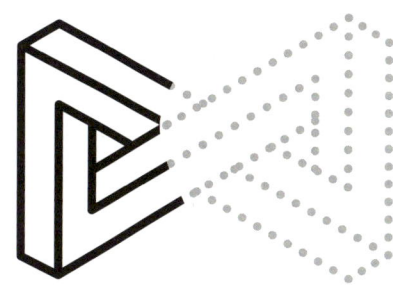

Zeichne die gepunkteten Linien nach und mach die unmöglichen Formen sichtbar.

TREPPEN INS NIRGENDWO

Hattest du schon mal das Gefühl, dich im Kreis zu bewegen und nirgendwo anzukommen? Mit diesen **unmöglichen Treppen** wird es dir so ergehen.

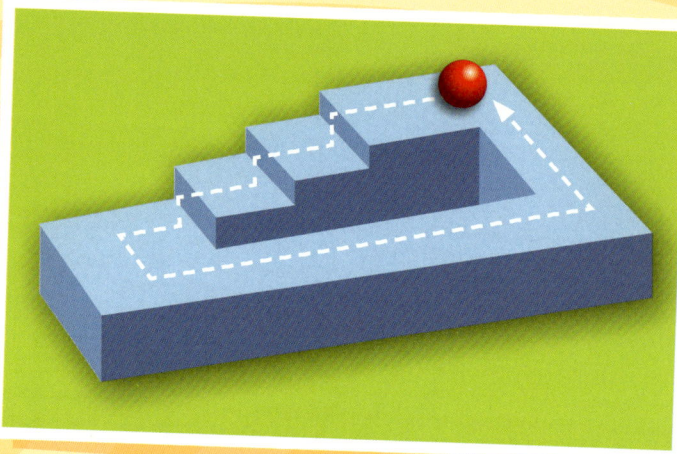

Folge den Wegen die Stufen hinab. Ergeben sie einen Sinn?

WOW! WAS PASSIERT HIER GERADE?

Hast du herausgefunden, dass die Treppen in einer ewigen Schleife verlaufen? Du steigst für immer hinab, wenn du versuchst, sie abzulaufen. Die raffinierte Perspektive und die Schattierungen lassen alle Treppen so aussehen, als ob sie stets nach unten führten, wenn du ihnen folgst. Du weißt, das ist unmöglich. Sie brauchen einen Anfang und ein Ende.

WOW! WAS PASSIERT HIER GERADE?

Der Künstler István Orosz kombinierte verschiedene Perspektiven, um dieses unmögliche Bild zu entwerfen. Siehst du, wie die Leute, die auf der hinteren Wand stehen, diese so flach aussehen lassen wie den Boden? Und wieso sehen die Leute auf der großen vorderen Treppe so aus, als ob sie hinauf- und hinabgingen? Das Zusammenwirken all dessen macht es unmöglich herauszufinden, wohin die Treppe führt.

UNWIRKLICHE PERSPEKTIVE

Bring es in die richtige Perspektive … außer die Täuschung erlaubt es nicht!
Sieh, was passiert, wenn du **Perspektiven mischst.** Es wird unwirklich!

Male beide Schatten in dem Bild aus. Ist der graue Streifen eine Straße oder eine Mauer?

WOW! WAS PASSIERT HIER GERADE?

Der Schatten des linken Mannes scheint sich nach oben zu neigen und lässt den grauen Streifen wie eine Mauer aussehen. Der Schatten des rechten Mannes deutet an, dass er über eine Straße läuft. Der Mix der Perspektiven auf selbem Raum ergibt ein unmögliches Bild!

Das Foto nutzt zwei verschiedene Perspektiven, was Fragen aufwirft. Wo ist der Boden? Könnte dies ein Raum im wirklichen Leben sein? Was glaubst du?

Entwerfe deine eigene perspektivische Täuschung!

❶ Klebe Objekte auf den Boden eines Schuhkartons, zum Beispiel Puppenhausmöbel oder Stühle aus Pappe. Lass sie trocknen.

❷ Drehe den Karton hochkant. Klebe auch hier ein Objekt deiner Wahl auf den neuen Boden. Wo ist jetzt oben?

UNMÖGLICHE GABEL

Fahre mit dem Finger diese **unmöglichen Objekte** entlang.
Erkennst du einen Sinn in ihnen? Sie sind unglaublich!

Zähle die Zinken unten am Gabelende. Nun zähle die Zinken am Griff. Kommst du auf dieselbe Anzahl?

WOW! WAS PASSIERT HIER GERADE?

Am unteren Gabelende solltest du drei Zinken zählen, aber nur zwei direkt am Griff. Das Motiv ist bekannt als unmögliche Gabel oder Dreizack. Die Außenränder der spitzen Zinken werden am anderen Ende zu inneren Rändern. Diese »unmögliche Art« des Zeichnens funktioniert auch mit anderen Objekten: langen Stangen, Säulen und sogar mit Tieren.

Zeichne einen unmöglichen Elefanten. Wie viele Beine zählst du?

❶ Zeichne den Kopf mit einem großen Ohr, einem Auge, zwei Stoßzähnen und einem langen gebogenen zum Boden hängenden Rüssel.

❷ Zeichne den Körper: Starte hinterm Ohr und arbeite dich rund herum bis zum Hinterbein vor. Füge den Bauch und nur den oberen Teil des Vorderbeins hinzu.

❸ Nutze die Startlinien des Vorderbeins, um zwei weitere Beine zu zeichnen, wie hier gezeigt.

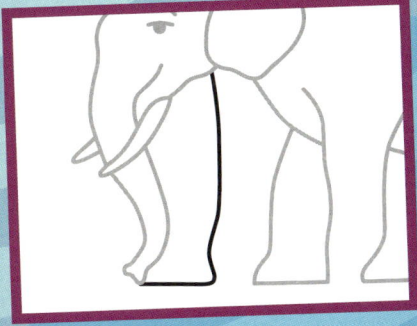

❹ Zeichne direkt hinter den Rüssel ein Bein. Nutze für dessen Vorderseite die Rückseite des Rüssels.

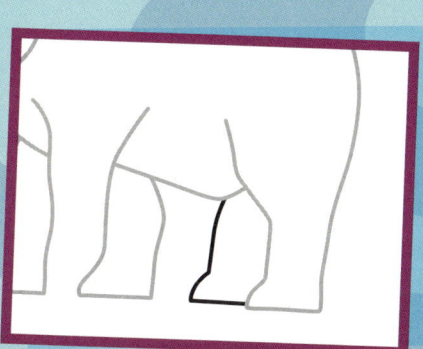

❺ Zeichne wie im Bild direkt vors Hinterbein ein Bein. Es sitzt an normaler Stelle. Und doch wird es zum fünften Bein dieses unmöglichen Elefanten.

TIERISCHES WIRRWARR

Ähnlich wie die unmögliche Gabel funktionieren auch diese Tierbilder nicht.
Du wirst einfach nicht schlau aus ihnen.

Versuch, die Hunde und Katzen auszumalen.
Was passiert?

WOW! WAS PASSIERT HIER GERADE?

Wenn du versuchst, die Tiere auszumalen, stellst du fest, dass Köpfe und Schwänze nicht auf einer Linie, sondern nebeneinander liegen. Auf den ersten Blick funktionieren die Bilder, weil du es erwartest und die vielen Linien deinen Verstand verwirren. Bei näherem Hinsehen merkst du jedoch, dass etwas nicht stimmt.

Zeichne die gepunkteten Linien nach, um dein eigenes tierisches Trickbild zu entwerfen. Zeichne den Schlangen Augen ein.

WOW! WAS PASSIERT HIER GERADE?

Sieh dir das Bild genau an. Es basiert auf der Kunst von René Magritte. Ist das Pferd zwischen den Bäumen oder davor? Oder beides zugleich? Der Maler spielt mit deiner Erwartung, wie ein Bild aussehen sollte, und er tut dies, um dein Gehirn zu verwirren.

DER TRICK MIT DEN 2 KÖPFEN

Es heißt, dass zwei Köpfe besser sind als einer ... Aber stimmt das, wenn es nur einen Körper gibt? Mal sehen, was du von diesen **unmöglichen Bildern** hältst.

WOW! WAS PASSIERT HIER GERADE?

Der Winkel der Kamera lässt die Tiere so aussehen, als hätten sie zwei Köpfe. Du weißt, dass das nicht sein kann. Aber die Perspektive lässt dich zweimal hinsehen. In Wahrheit versteckt sich ein Körper nahezu perfekt hinter dem anderen.

Probiere mit deinen Freunden diese geniale Foto-Illusion aus.

❶ Bitte die Freundin oder den Freund, sich mit ausgebreiteten Armen gerade vor dich hinzustellen.

❷ Bitte die anderen, sich direkt hinter den ersten Freund zu stellen. Die Arme sind in einer etwas anderen Position nach oben ausgestreckt. Stelle sicher, dass nur ein Körper und ein Kopf zu sehen sind, bevor du das Foto schießt.

HEXEREI IM WASSERGLAS

Du kannst auch im Alltäglichen das Unmögliche sehen. Probiere die Tricks aus, um diese **Hexerei** selbst zu erleben.

WOW! WAS PASSIERT HIER GERADE?

Diese unmögliche optische Täuschung ist wissenschaftlich zu erklären. Lichtstrahlen werden langsamer, wenn sie sich von der Luft ins Wasser bewegen, so wie auch wir im Wasser langsamer gehen. Die Strahlen brechen und lassen den Stift ebenfalls gebrochen aussehen.

Stecke einen Bleistift in ein durchsichtiges Glas mit Wasser. Sieht der Stift plötzlich zerbrochen aus?

Achtung, Richtungswechsel! Für diesen Trick brauchst du ein Stück Tonkarton, einen schwarzen Filzstift, ein durchsichtiges Glas und einen Wasserkrug.

❶ Mit dem Filzstift zeichnest du einen dicken Pfeil auf den Tonkarton, und zwar so, dass die Spitze nach links weist.

❷ Stelle den Karton gerade hinter das Glas. Stehe oder knie so, dass du den Pfeil direkt anschauen kannst.

❸ Bitte einen Erwachsenen, langsam etwas Wasser vom Krug ins Glas zu gießen.

❹ Was siehst du, wenn das Wasser vor dem Pfeil ansteigt? Der Pfeil sollte plötzlich seine Richtung wechseln.

VERZERRTE BILDER

Maler spielen mit **Perspektive und Blickwinkel,** um Gemälde zu erschaffen, die seltsam wirken, wenn du sie von vorn betrachtest. Doch aus dem richtigen Winkel gesehen, ergeben sie ein perfektes Bild.

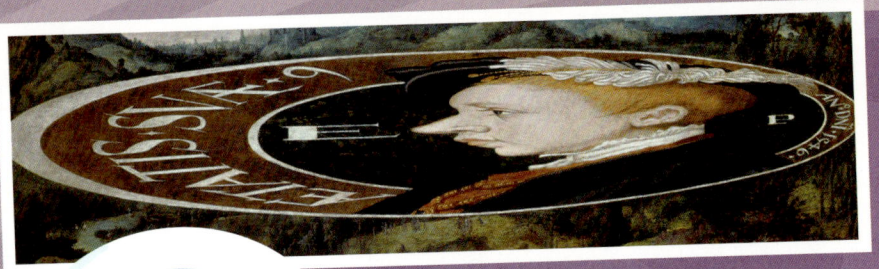

WOW! WAS PASSIERT HIER GERADE?

Das alte Gemälde wirkt verzerrt, betrachtet man es von vorn. Aber von der Seite aus gesehen, erscheint es normal.

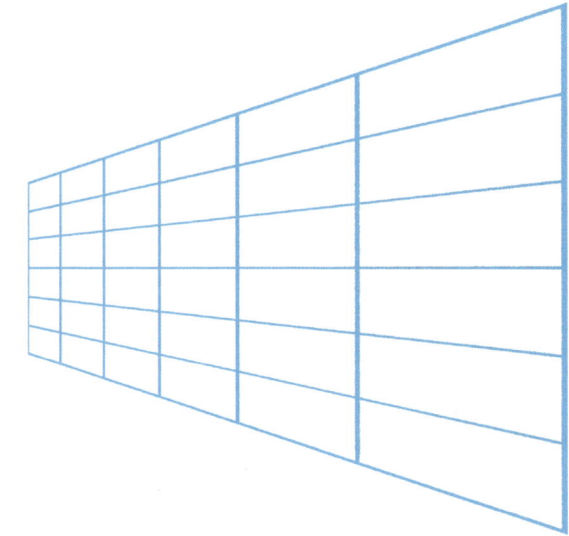

Kopiere den Löwenkopf in das gedehnte Gitter. Dazu musst du passend zu den Kästchen auch deine Linien dehnen. Betrachte dein Bild von der kürzesten Seite aus. Wirkt es immer noch verzerrt?

KAPITEL 4
DIES ODER DAS?

Dieses Kapitel ist voll rätselhafter Bilder. Einige zeigen verschiedene Motive in einem Bild. Andere fügen einzelne Motive zu einem Bild zusammen, wieder andere müssen auf den Kopf gedreht werden. Alles hängt von deinem Blickwinkel ab: Wirst du dies sehen ... oder das?

ENTE ODER KANINCHEN?

Dieses **Dies-oder-das-Motiv** ist ein echter Klassiker! Das Bild zeigt zwei verschiedene Tiere, je nachdem, aus welchem Blickwinkel du schaust. Mach aus dem Motiv eine Schattenfigur und führe sie deinen Freunden vor!

Welches Tier siehst du im linken Bild und welches, wenn du auf das rechte schaust?

WOW! WAS PASSIERT HIER GERADE?

Dein Gehirn kann nicht zwei Motive auf einmal verarbeiten. Deshalb wechselt es zwischen beiden hin und her. Zuerst sieht es eine Ente, dann ein Kaninchen, dann eine Ente, dann ein Kaninchen ... und so weiter.

Erzeuge mit deinen Händen nun selbst diese Täuschung und nutze dafür Schatten.

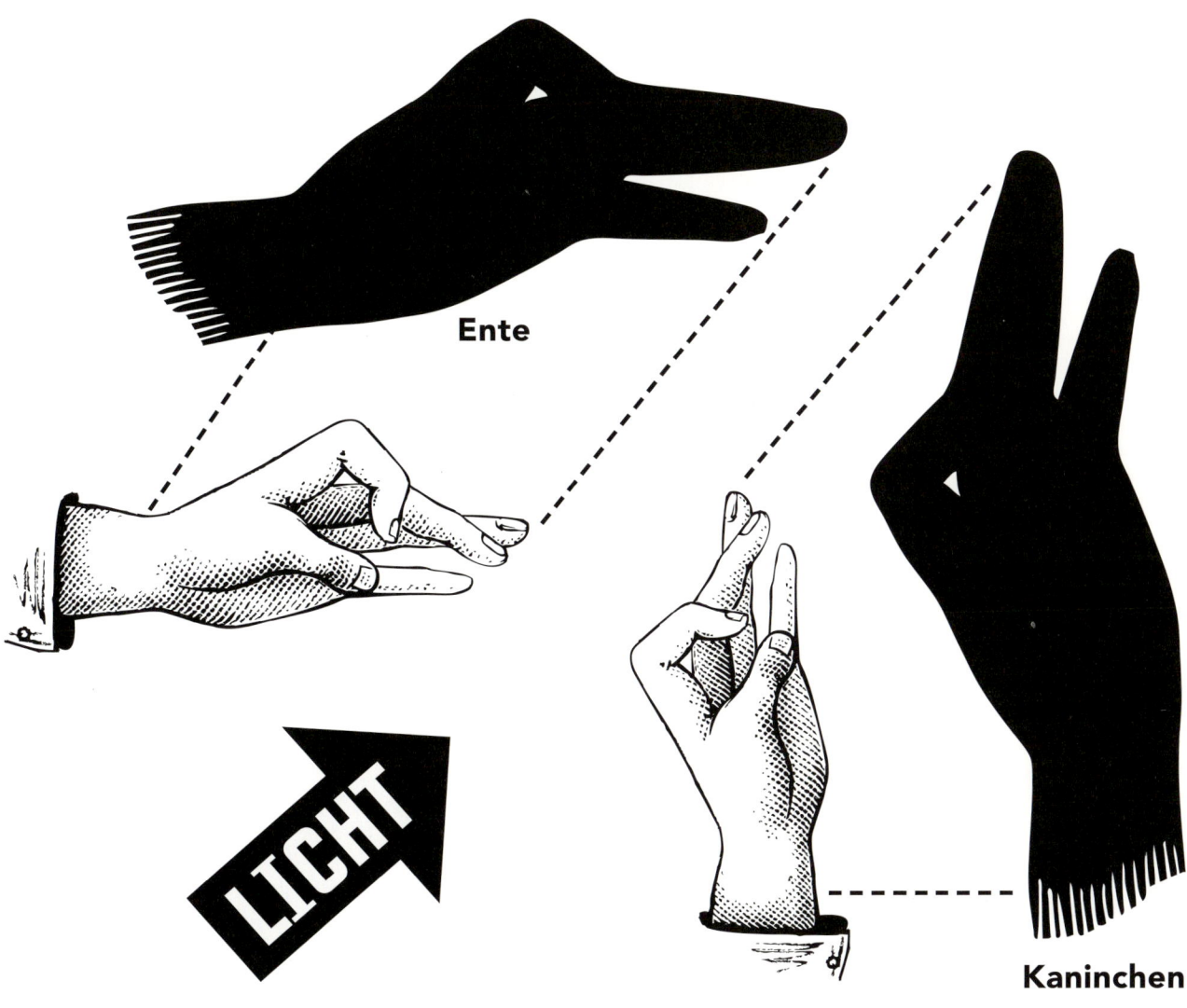

Ente

LICHT

Kaninchen

❶ Werfe einen Lichtstrahl an die Wand. Halte die Hand vors Licht und forme wie im Bild mit deinen Fingern einen Entenkopf.

❷ Behalte die Fingerpositionen bei, aber dreh deine Hand so, dass dein Arm nach oben gestreckt ist. Aus der Ente wird ein Kaninchen!

❸ Jetzt führe die Schattenfigur deinen Freunden vor. Erraten sie, welches Tier du zeigst?

JUNG ODER ALT?

In einer weiteren klassischen Dies-oder-das-Täuschung verwandelt sich **eine junge Frau** in Sekunden in **eine alte,** sobald du den Blick länger übers Bild wandern lässt.

Was siehst du in diesem Bild? Siehst du den alten Mann oder das junge Paar?

Siehst du eine junge Frau, die sich abwendet? Oder eine alte Frau mit einem langen Kinn? Oder beides?

WOW! WAS PASSIERT HIER GERADE?

Diese Bilder sind so gestaltet, dass du in ihnen zwei Motive zugleich erkennen kannst. Mal nimmt dein Gehirn beim Hin- und Hersehen das eine, mal das andere Motiv wahr, während es beide zu verarbeiten versucht.

Dieses Bild zeigt definitiv eine junge Frau, richtig?
Dreh die Seite auf den Kopf. Was siehst du jetzt?

HUND ODER KATZE?

Diese perfekte Illusion zeigt kleinere Bilder im größeren.
Was siehst du hier?

Wie viele Katzen erkennst du im Bild? Und wie viele Hunde?

WOW! WAS PASSIERT HIER GERADE?

Wenn du dich auf das Bild als Ganzes konzentrierst, erkennst du ein Hundegesicht. Aber blendest du den weißen Bereich aus, wirst du plötzlich zwei Katzen sehen, die sich einander zuneigen. Wieder einmal schwankt dein Gehirn zwischen den zwei Deutungen des einen Bildes hin und her.

Zeichne mithilfe des Gitters das Spiegelbild dieser Katze. Welche Form erscheint nun in der Mitte?

DRINNEN ODER DRAUSSEN?

Hier ändert sich deine Sicht auf die Bilder, je nachdem, aus welchem **Blickwinkel** du sie betrachtest. Bist du drinnen oder draußen?

Siehst du den Buchrücken aus dieser Seite hervorspringen? Oder siehst du ins Buch, dessen Seiten aufgeschlagen vor dir liegen?

Verziere dieses Bild. Ändert das etwas daran, wie du die Illusion wahrnimmst?

WOW! WAS PASSIERT HIER GERADE?

Dein Gehirn nimmt die Welt in 3-D wahr. Daher versucht es, diese Motive genauso zu betrachten. Das Bild kann beides zeigen: eine 3-D-Innensicht und eine 3-D-Außensicht. Dein Gehirn schwankt zwischen beidem hin und her.

Siehst du dieses Gesicht
von der Seite oder von vorn?

Wie ist es mit dem unteren Gesicht?
Ist das die Vorderansicht?
Übermale die rechte Seite schwarz
und orientiere dich dabei an der Linie.
Was siehst du jetzt?

VERSTECKSPIEL

In einigen Rätseln **verstecken sich kleinere Bilder** innerhalb eines großen. Findest du alle oder ist es zu verworren?

Ohne den Fuchs sind in diesem Gemälde 15 Gesichter versteckt. Kreise jedes ein. Tipp: Schau dir die Baumstämme und die Pflanzen genau an!

WOW! WAS PASSIERT HIER GERADE?

Um Formen zu erkennen, hält sich dein Gehirn an Umrisse. Die Umrisse der Bäume, die geschickten Schattierungen der Pflanzen und sogar die Zwischenräume sind so gestaltet, dass versteckte Motive in dem Bild »Der verwirrte Fuchs« von Currier und Ives zu finden sind.

In dem Muster versteckt sich ein Tier. Male die mit einem Punkt markierten Formen aus. Dann gibt es sich zu erkennen.

VERSCHWOMMENE HYBRIDE

Ein **Hybride** ist eine Mischung aus zwei Dingen. Hier werden Fotos miteinander kombiniert, um deinen Verstand zu verwirren. Schau nicht gleich zu genau hin …

Wen erkennst du auf diesem Foto? Stell das Buch aufrecht auf ein Regal oder einen Tisch und entferne dich möglichst weit vom Bild. Schau noch einmal hin. Wen siehst du jetzt?

WOW! WAS PASSIERT HIER GERADE?

In diesem Bild sind zwei Fotos übereinandergelegt worden: ein scharfes, detailliertes vom Wissenschaftler Albert Einstein und ein verschwommenes Foto von der berühmten Schauspielerin Marilyn Monroe. Aus der Nähe konzentriert sich dein Gehirn auf die scharfen Umrisse und erkennt Albert Einstein. Aber weiter weg verschwimmt dieser und Marilyn Monroes Merkmale werden immer klarer.

Welches Tier erkennst du hier? Geh auf Abstand zum Bild und sieh noch mal hin. Welches Tier erscheint jetzt?

DIES UND DAS!

Aus **dies ODER das** wird nun **dies UND das.**
Aber anstelle von zwei Bildern in einem haben wir es hier
mit zwei Bildern zu tun, die zu einem verschmelzen können.

Halte dir das Buch vors Gesicht und strecke die Arme aus.
Starre auf den Raum zwischen den Vögeln. Führe das Buch
langsam näher an dich heran, während du zwischen die
Vögel starrst. Du erkennst schließlich, dass die Vögel sich
einander nähern und mit den Schnäbeln berühren.

WOW! WAS PASSIERT HIER GERADE?

Wenn du das Buch näher an dein Gesicht heranholst, fangen die Vögel an,
sich aufeinander zu zubewegen, bis sie sich schließlich überlappen. Deine
Augen können die beiden klaren Motive nicht mehr fokussieren, sobald
diese dir ganz nah sind.

Mach mithilfe von Tonkarton und Faden aus zwei Bildern eines.

❶ Schneide den Karton zum Quadrat. Pikse auf mittlerer Höhe links und rechts zwei Löcher in den Rand, wie abgebildet.

❷ Fädele durch beide Löcher einen Faden und binde ihn jeweils zu einer Schlaufe.

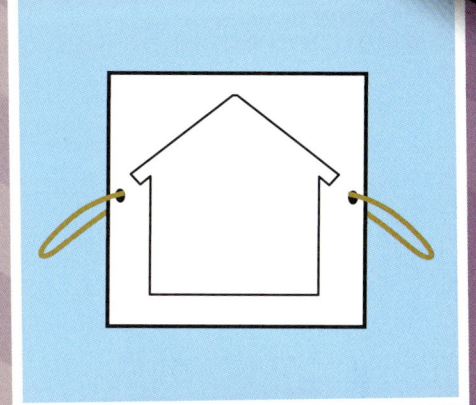

❸ Zeichne auf die eine Seite deines Kartons eine einfache Hundehütte.

❹ Dreh den Karton kopfüber um und zeichne in die Mitte der Rückseite einen Hund. Die Hütte auf der anderen Seite muss zum Hund auf dem Kopf stehen.

❺ Nimm mit jeder Hand eine Schlaufe und drehe die Fäden so fest du kannst. Benutze Daumen und Zeigefinger, um die Enden in gegensätzliche Richtung zu drehen.

❻ Zieh die Fäden auseinander, sodass der Karton sich dreht. Sieh, wie die zwei Motive scheinbar zu einem werden: Der Hund ist in der Hundehütte.

DER TRICK MIT DEN AUGEN

Warum können all diese Illusionen dein Gehirn täuschen? Es hat damit zu tun, dass sie deinen Augen einen Streich spielen, und du weißt, wie deine Augen normalerweise arbeiten.

Sieh auf deinen Finger, der sich vor deinen Augen bewegt.

❶ Strecke einen Finger vor dir aus, wie hier im Bild.

❷ Halte dir mit der anderen Hand ein Auge zu.

❸ Jetzt halte dir das andere Auge zu, ohne den Finger oder die Augen zu bewegen. Siehst du, wie der Finger sich trotzdem bewegt?

WOW! WAS PASSIERT HIER GERADE?

Jedes deiner Augen sieht ein wenig anders als das andere. Wenn du also nur mit einem Auge zurzeit siehst, ändert sich die Sicht auf deinen Finger. Viele Illusionen spielen mit dieser Tatsache, indem sie Bilder »herumspringen« lassen oder dich verwirren.

Eine andere Methode, deine Augen hereinzulegen, funktioniert mit dem blinden Fleck. Finde deinen!

❶ Halte das Buch dicht vor dein Gesicht.

❷ Halte dein linkes Auge zu. Starre mit dem rechten Auge auf den Punkt. Du solltest den Stern aus dem Augenwinkel sehen.

❸ Bewege das Buch langsam von dir weg. Starre dabei immer noch mit dem rechten Auge auf den Punkt.

❹ Du solltest nun feststellen, dass der Stern verschwindet! Das passiert, wenn er in deinem blinden Fleck ist.

WOW! WAS PASSIERT HIER GERADE?

Beide Augen haben einen blinden Fleck, also die Stelle, wo sie nichts sehen. Gewöhnlich fällt dir das nicht auf, weil deine Augen so zusammenarbeiten, dass sie die Umgebung komplett erfassen. Bedeckst du aber ein Auge, ist dein blinder Fleck leicht zu finden.

VERBORGENE KÖPFE

Viele Illusionskünstler verstecken ganze Gesichter in ihren Kunstwerken. Du musst das Gemälde nur umdrehen und schon siehst du es. Diese Kunst steht buchstäblich kopf!

Was siehst du, wenn du auf dieses Gemälde blickst? Dreh das Buch um. Was siehst du jetzt?

WOW! WAS PASSIERT HIER GERADE?

Der Maler Giuseppe Arcimboldo liebte es, Köpfe in seinen Bildern zu verstecken. Dein Gehirn kann sich die umgedrehte Gemüseschale nicht vorstellen. So ist die Überraschung groß, wenn nach dem Drehen des Bildes das Gesicht eines Mannes erscheint.

LÖSUNGEN

SEITE 16 – SCHWEBENDER SPASS

SEITE 20 – ES SCHRUMPFT!

SEITE 24 – RAFFINIERTE FORMEN

SEITE 30 – GETARNTE GRÖSSEN

Jedes Objekte-Paar ist gleich groß.

SEITE 32 – DIE MACHT DER PERSPEKTIVE

Die Männer sind gleich groß.

SEITE 39 – AUF DEN KOPF GESTELLT

LÖSUNGEN

SEITE 70 — VERSTECKSPIEL

SEITE 71 — VERSTECKSPIEL

Hast du alles richtig gelöst?